课本里的作家

课本里的作家

春天的消息

柯 岩／著

小学语文同步阅读
一年级
彩绘注音版

山东教育出版社
济南·

图书在版编目（CIP）数据

春天的消息 / 柯岩著 . — 济南：山东教育出版社，
2023.2（2023.3 重印）
（爱阅读·课本里的作家）
ISBN 978–7–5701–2354–4

Ⅰ．①春… Ⅱ．①柯… Ⅲ．①阅读课—小学—教学参
考资料 Ⅳ．①G624.233

中国版本图书馆 CIP 数据核字（2022）第 187524 号

CHUNTIAN DE XIAOXI

春天的消息

柯 岩 著

主管单位：山东出版传媒股份有限公司
出版发行：山东教育出版社
　　　　　地址：济南市市中区二环南路 2066 号 4 区 1 号　邮编：250003
　　　　　电话：（0531）82092600　　　　　网址：www.sjs.com.cn
印　　刷：天津泰宇印务有限公司
版　　次：2023 年 2 月第 1 版
印　　次：2023 年 3 月第 2 次印刷
开　　本：700 mm × 1000 mm　1/16
印　　张：8
字　　数：50 千
定　　价：28.80 元

（如印装质量有问题，请与印刷厂联系调换）
印厂电话：022–29649190

总序

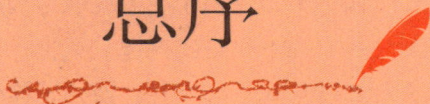

　　北京书香文雅图书文化有限公司的李继勇先生与我联系，说他们策划了一套《爱阅读·课本里的作家》丛书，读者对象主要是中小学生，可以作为学生的课外阅读用书，希望我写篇序。作为一名语文教育工作者，在中共中央办公厅、国务院办公厅印发《关于进一步减轻义务教育阶段学生作业负担和校外培训负担的意见》（以下简称"双减"）的大背景下，为学生推荐这套优秀课外读物责无旁贷，也更有意义。

一、"双减"以后怎么办？

　　"双减"政策对义务教育阶段学生的作业和校外培训作出严格规定。我认为这是一件好事。曾几何时，我们的中小学生作业负担重，不少学生不是在各种各样的培训班里，就是在去培训班的路上。学生"学"无宁日，备尝艰辛；家长们焦虑不安，苦不堪言。校外培训机构为了增强吸引力，到处挖掘优秀教师资源，有些老师受利益驱使，不能安心从教。他们的行为破坏了教育生态，违背了教育规律，严重影响了我国教育改革发展。教育是什么？教育是唤醒，是点燃，是激发。而校外培训的噱头仅仅是提高考试成绩，让学生在中高考中占得先机。他们的广告词是"提高一分，干掉千人"，大肆渲染"分数为王"，在这种压力之下，学生面对的是"分萧萧兮题海寒"，不得不深陷题海，机械刷题。假如只有一部分学生上培训班，提高的可能是分数。但是，如果大多数学生或者所有学生都去上培训班，那提高的就不是分数，而只是分数线。教育的根本任务是立德树人，是培根铸魂，是启智增慧，是让学生的德智体美劳全面发展，是培养社会主义建设者和接班人，是为中华民族伟大复兴提供人才，而不是培养只会考试的"机器"，更不能被资本所"绑架"。所以中央才"出重拳""放实招"，目的就是要减轻学生过重的课业负担，减轻家长过重的经济和精神负担。

　　"双减"政策出台后，学生们一片欢呼，再也不用在各种培训班之间来回奔波了，但家长产生了新的焦虑：孩子学习成绩怎么办？而对学校老师来说，这是一个新挑战、新任务，当然也是新机遇。学生在校时间增加，要求老师提升教学水平，科学合理布置作业，同时开展课外延伸服务，事实上是老师陪伴学生的时间增加了。这部分在校时间怎么安排？如何让学生利用好课外时间？这一切考验着老师们的智慧。而开展各种课外活动正好可以解决这个难题。比如：热爱人文的，可以开展阅读写作、演讲辩论，学习传统文化和民风民俗等社团活动；喜爱数理的，可以组织科普科幻、实验研究、统计测量、天文观测等兴趣小组；也可以开展体育比赛、艺术体验（音乐、美术、书法、戏剧……）和劳动教育等实践活动。当然，所有的活动都应以培养学生的兴趣爱好为目的，以自愿参加为前提。学校开展课后服务，可以多方面拓展资源，比如博物馆、图书馆、科技馆、陈列馆、少年宫、青少年活动中心，甚至校外培训机构的优质服务资源，还可组织征文比赛、志愿服务、社会调查等，助力学生全面发展。

二、课外阅读新机遇

近年来，新课标、新教材、新高考成为语文教育改革的热词。我曾经看到一个视频，说语文在中高考中的地位提高了，难度也加大了。这种说法有一定道理，但并不准确。说它有一定道理，是因为语文能力主要指一个人的阅读和写作能力，而阅读和写作能力又是一个人综合素养的体现。语文能力强，有助于学习别的学科。比如数学、物理中的应用题，如果阅读能力上不去，读不懂题干，便不能准确把握解题要领，也就没法准确答题；英语中的英译汉、汉译英题更是考查学生的语言表达能力；历史题和政治题往往是给一段材料，让学生去分析、判断，得出结论，并表述自己的观点或看法。从这点来说，语文在中高考中的地位提高有一定道理。说它不准确，有两个方面的理由：一是语文学科本来就重要，不是现在才变得重要，之所以产生这种错觉，是因为在应试教育的背景下，语文的重要性被弱化了；二是语文考试的难度并没有增加，增加的只是阅读思维的宽度和广度，考查的是阅读理解、信息筛选、应用写作、语言表达、批判性思维、辩证思维等关键能力。可以说，真正的素质教育必须重视语文，因为语文是工具，是基础。不少家长和教师认为课外阅读浪费学习时间，这主要是教育观念问题。他们之所以有这种想法，无非是认为考试才是最终目的，希望孩子可以把更多时间用在刷题上。他们只看到课标和教材的变化，以为考试还是过去那一套，其实，考试评价已发生深刻变革。目前，考试评价改革与新课标、新教材改革是同向同行的，都是围绕立德树人做文章。中共中央、国务院印发的《深化新时代教育评价改革总体方案》明确指出："稳步推进中高考改革，构建引导学生德智体美劳全面发展的考试内容体系，改变相对固化的试题形式，增强试题开放性，减少死记硬背和'机械刷题'现象。"显然就是要用中高考"指挥棒"引领素质教育。新高考招生录取强调"两依据，一参考"，即以高考成绩和高中学业水平考试成绩为依据，以综合素质评价为参考。这也就是说，高考成绩不再是高校选拔新生的唯一标准，不只看谁考的分数高，而是看谁更有发展潜力、更有创造性，综合素质更高，从而实现由"招分"向"招人"的转变。而这绝不是仅凭一张高考试卷能够区分出来的，"机械刷题"无助于全面发展，必须在课内学习的基础上，辅之以内容广泛的课外阅读，才能全面提高综合素养。

三、"爱阅读"助力成长

这套《爱阅读·课本里的作家》丛书是为中小学生读者量身打造的，符合《义务教育语文课程标准》倡导的"好读书、读好书、读整本的书"的课改理念，可以作为学生课内学习的有益补充。我一向认为，要学好语文，一要读好三本书，二要写好两篇文，三要养成四个好习惯。三本书指"有字之书""无字之书""心灵之书"，两篇文指"规矩文"和"放胆文"，四个好习惯指享受阅读的习惯、善于思考的习惯、乐于表达的习惯和自主学习的习惯。古人说"读万卷书，行万里路"，实际上就是要处理好读书与实践的关系。对于中小学生来说，读书首先是读好"有字之书"。"有字之书"，有课本，有课外自读课本，还有"爱阅读"这样的课外读物。读书时我们不能眉毛胡子一把抓，要区分不同的书，采取不同的读法。一般说来，读法有精读，有略读。精读需要字斟句酌，需要咬文嚼字，但费时费力。当然也不是所有的书都需要精读，可以根据自己的需要决定精读还是略读。新课标提倡中小学生进行整本书阅读，但是学生往往不能耐着性子读完一整本书。新课标提倡的整本书阅读，主要是针对过去的单篇教学来说的，并不是说每本书都要从头读到尾。教材设计的练习项目也是有弹性的、可选择的，不可能有统一的"阅读计划"。我的建议是，整本书阅读应把精读、略读与浏览结合起来，精读重在示范，略读重在博览，浏览略观大意即可，三者相辅相成，不宜偏于一隅。不仅如此，学生还可以把阅读与写作、读书与实践、课内与课外结合起来。整本书阅读重在掌握阅读方法，拓展阅读视野，培养读书兴趣，养成阅读习惯。

再说写好两篇文。学生读得多了，素养提高了，自然有话想说，有自己的观点和看法要发表。发表的形式可以是口头的，也可以是书面的，书面表达就是写作。写好两篇文，一篇规矩文，一篇放胆文。规矩文重打基础，放胆文更见才气。规矩文要求练好写作基本功，包括审题、立意、选材、构思等，同时还要掌握记叙文、议论文、说明文、应用文的基本要领和写作规范。规矩文的写作要在教师的指导下进行。放胆文则鼓励学生放飞自我、大胆想象，各呈创意、各展所长，尤其是展现自己的写作能力、语言表达能力、批判性思维能力和辩证思维能力。放胆文的写作可以多种多样，除了大作文，也可以写小作文。有兴趣的学生还可以进行文学创作，写诗歌、小说、散文、剧本等。

学习语文还要养成四个好习惯。第一，享受阅读的习惯。爱阅读非常重要，每个同学都应该有自己的个性化书单。有的同学喜欢网络小说也没有关系，但需要防止沉迷其中，钻进"死胡同"。这套《爱阅读·课本里的作家》丛书，给中小学生课外阅读提供了大量古今中外的名家名作。第二，善于思考的习惯。在这个大众创业、万众创新的时代，创新人才的标准，已不再是把已有的知识烂熟于心，而是能够独立思考，敢于质疑，能够自己去发现问题、提出问题和解决问题，需要具有探究质疑能力、独立思考能力、批判性思维和辩证思维能力。第三，乐于表达的习惯。表达的乐趣在于说或写的过程，这个过程比说得好、写得完美更重要。写作形式可以不拘一格，比如作文、日记、笔记、随笔、漫画等。第四，自主学习的习惯。我的地盘我做主，我的语文我做主。不是为老师学，也不是为父母长辈学，而是为自己的精神成长学，为自己的未来学。

愿广大中小学生能借助这套《爱阅读·课本里的作家》丛书，真正爱上阅读，插上想象的翅膀，飞向未来的广阔天地！

目录

我爱读课文

课本作家作品

我爱
读课文

原文赏读

夜色

🕐 课本原文

wǒ cóng qián dǎn zi hěn xiǎo hěn xiǎo
我从前胆子很小很小，

tiān yì hēi jiù bù gǎn wǎng wài qiáo
天一黑就不敢往外瞧。

mā ma bǎ yǒng gǎn de gù shi jiǎng le yòu jiǎng
妈妈把勇敢的故事讲了又讲，

kě wǒ yí kàn chuāng wài xīn jiù luàn tiào
可我一看窗外心就乱跳……

bà ba wǎn shang piān yào lā wǒ qù sàn bù
爸爸晚上偏要拉我去散步，

yuán lái huā cǎo dōu xiàng bái tiān yí yàng wēi xiào
原来花草都像白天一样微笑。

cóng cǐ zài hēi zài hēi de yè wǎn
从此再黑再黑的夜晚，

wǒ yě néng kàn jiàn xiǎo niǎo zěn yàng zài yuè guāng xià shuì jiào
我也能看见小鸟怎样在月光下睡觉……

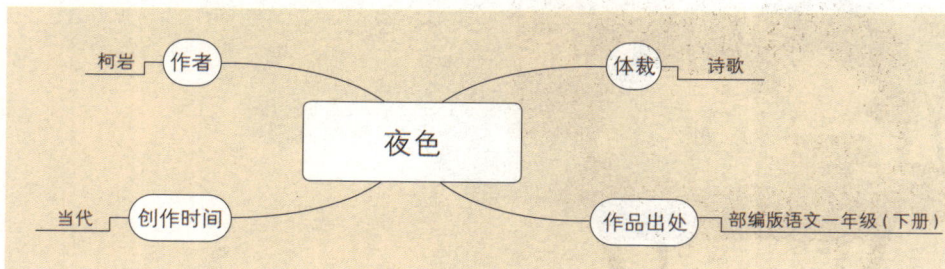

🕐 我能学会

柯岩 — 作者		体裁 — 诗歌
	夜色	
当代 — 创作时间		作品出处 — 部编版语文一年级（下册）

2

作品赏析

zhè piān kè wén jiǎng shù le　　wǒ　yuán běn dǎn zi hěn
这 篇 课 文 讲 述 了 "我" 原 本 胆 子 很

xiǎo　hěn pà hēi　hòu lái zài bà ba de bāng zhù xià　zhàn
小 ， 很 怕 黑 ， 后 来 在 爸 爸 的 帮 助 下 ， 战

shèng le duì hēi yè de kǒng jù　cóng cǐ xué huì xīn shǎng yè sè
胜 了 对 黑 夜 的 恐 惧 ， 从 此 学 会 欣 赏 夜 色

de gù shi　hēi yè qí shí bìng bù kě pà　zhǐ yào yǒng gǎn
的 故 事 。 黑 夜 其 实 并 不 可 怕 ， 只 要 勇 敢 ，

jiù néng kàn dào dú shǔ yú hēi yè de měi　zhè shǒu shī gào su
就 能 看 到 独 属 于 黑 夜 的 美 。 这 首 诗 告 诉

wǒ men　kè fú dǎn xiǎo xīn lǐ　zuò gè yǒng gǎn de rén
我 们 ： 克 服 胆 小 心 理 ， 做 个 勇 敢 的 人 ，

néng shōu huò gèng duō měi hǎo
能 收 获 更 多 美 好 。

识记与拓展

我要学习

huì xiě　sè wài kàn bà wǎn xiào zài
1. 会 写 "色 、 外 、 看 、 爸 、 晚 、 笑 、 再"

děng shēng zì　huì rèn　dǎn gǎn wǎng chuāng luàn
等 生 字 ， 会 认 "胆 、 敢 、 往 、 窗 、 乱 、

piān　děng shēng zì
偏" 等 生 字 。

zhèng què lǎng dú kè wén　dú hǎo cháng jù zi de tíng
2. 正 确 朗 读 课 文 ， 读 好 长 句 子 的 停

dùn
顿，读懂句子的意思。

shuō shuo běn piān kè wén jiǎng shù le zěn yàng de dào lǐ
3.说说本篇课文讲述了怎样的道理。

生字表析

会写的字

sè 色	部首	笔画	结构	造字	组词
	𠂊	6	上下	会意	颜色　色彩
辨字	巴（结巴　尾巴）				
字义	1.颜色。2.情景，景象。				
造句	这幅画的配色太好看了。				

wài 外	部首	笔画	结构	造字	组词
	夕	5	左右	会意	外部　外面　外国
辨字	处（相处　住处）				
字义	外面，外部。				
造句	出门在外一定要注意安全。				

kàn 看	部首	笔画	结构	造字	组词
	手	9	半包围	会意	看书　观看
辨字	春（春天　立春）				
字义	1.用眼睛感受外界事物。2.观察。3.照应、对待。				
造句	同学们都在认真看书。				

bà 爸	部首	笔画	结构	造字	组词
	父	8	上下	形声	爸爸
辨字	斧（斧子　斧头）				
字义	父亲。				
造句	我的爸爸是一位出租车司机。				

wǎn 晚	部首	笔画	结构	造字	组词
	日	11	左右	形声	晚会　夜晚　晚间
辨字	挽（挽手　挽回）				
字义	1.晚上。2.时间靠后的。				
造句	晚上有聚餐，一定要来哟。				

xiào 笑	部首	笔画	结构	造字	组词
	竹	10	上下	形声	笑声 笑话
辨字	竿（竹竿　竿子）				
字义	露出愉快的表情，发出欢喜的声音。				
造句	小刚的表演逗得大家哈哈大笑。				

zài 再	部首	笔画	结构	造字	组词
	一	6	独体	会意	再见 再会
辨字	冉（冉冉）				
字义	1.表示更加。2.表示又一次（有时专指第二次）。3.表示一个动作发生在另一个动作结束之后。				
造句	咱们看完了这个节目再走。				

会认的字

dǎn 胆	组词
	大胆 胆量

gǎn 敢	组词
	勇敢 果敢

wǎng 往	组词
	往事 来往

chuāng 窗	组词
	窗户 窗帘

luàn 乱	组词
	混乱 凌乱

piān 偏	组词
	偏离 偏心

知识乐园

一、看拼音，写词语。
kàn pīn yīn　xiě cí yǔ

sè

夜 ☐

wài

面

bà　ba

☐ ☐

wǎn　shang

☐ ☐

二、辨字组词。
biàn zì zǔ cí

看（　　）　　晚（　　）　　再（　　）

春（　　）　　挽（　　）　　内（　　）

三、按样子，写词语。

黑洞洞（ABB）　_____　_____

花花草草（AABB）　_____　_____

四、选字填空。

在　　再

1.小鸟好像（　　）说："小朋友，（　　）见！"

布　　步

2.我进（　　）了，妈妈送我一辆（　　）玩具小汽车。

外　　处

3.（　　）面的世界很精彩，只要你肯努力，到（　　）都有发展的机会。

课本作家
作品

自主阅读

做客来

zuò kè lái

红旗红灯大高楼，
hóng qí hóng dēng dà gāo lóu

绿树绿草小河流。
lù shù lù cǎo xiǎo hé liú

折一只小船放下水，
zhé yì zhī xiǎo chuán fàng xià shuǐ

你顺水漂去别回头。
nǐ shùn shuǐ piāo qù bié huí tóu

漂到江，
piāo dào jiāng

漂到海，
piāo dào hǎi

漂到天边见云彩。
piāo dào tiān biān jiàn yún cai

世界各地都靠岸，
shì jiè gè dì dōu kào àn

各国小朋友请上船。
gè guó xiǎo péng you qǐng shàng chuán

和平白鸽引路来，
hé píng bái gē yǐn lù lái

请到北京做客来。
qǐng dào běi jīng zuò kè lái

1956 年
nián

小弟和小猫

我家有个小弟弟，
聪明又淘气，
每天爬高又爬低，
满头满脸都是泥。

妈妈叫他来洗澡，
装没听见他就跑；
爸爸拿镜子把他照，
他闭上眼睛咯咯地笑。
姐姐抱来只小花猫，
拍拍爪子舔舔毛，
两眼一眯："妙，妙，妙，
谁跟我玩，谁把我抱？"

dì　di shēn chū xiǎo hēi shǒu
弟弟伸出小黑手，

xiǎo māo lián máng wǎng hòu tiào
小猫连忙往后跳，

hú　zi　yì juē tóu yì yáo
胡子一撅头一摇：

bú miào bú miào　　tài zāng tài zāng wǒ bú yào
"不妙不妙！太脏太脏我不要！"

jiě　jie tīng jiàn hā hā xiào
姐姐听见哈哈笑，

bà　ba mā ma zhòu méi máo
爸爸妈妈皱眉毛，

xiǎo dì tīng le zhēn hài sào
小弟听了真害臊：

mā　　mā　　kuài gěi wǒ xǐ gè zǎo
"妈！妈！快给我洗个澡！"

nián
1955 年

chūn tiān de xiāo xi
春天的消息

bú yào　　　bú yào pǎo de nà me jí
不要，不要跑得那么急，

nǐ　　duō xīn de xiǎo hú li
你，多心的小狐狸！

méi yǒu shī zi　　yě méi yǒu lǎo hǔ
没有狮子，也没有老虎，

yǒu de zhǐ shì wǒ　　shì wǒ ya
有的只是我，是我呀——

qīng qīng de xuě　　xì xì de yǔ
轻轻的雪，细细的雨，

gěi nǐ sòng lái le　　sòng lái le
给你送来了，送来了

chūn tiān de xiāo xi
春天的消息……

13

姐姐的本子

我很想学着写字，

可是我没有本子。

我就把姐姐的书包打开，

在书皮上写下自己的名字。

一口气写了好几个"小丫"，

歪歪斜斜有小有大，

我看来看去不大好，

决定找个样子照着画。

姐姐的本子写满了字，

整整齐齐非常好看。

我就照着一个个地描，

弯弯曲曲地把空格填满。

děng jiě jie　　qí mǎ　　bǎ jiǎo qí suān
等姐姐"骑马"把脚骑酸，

dǎ kāi běn zi yào bǎ suàn shù suàn
打开本子要把算术算，

wǒ xīn xiǎng zhè huí tā zhǔn děi kuā wǒ néng gàn
我心想这回她准得夸我能干，

shuí zhī tā zhuā zhù běn zi yòu kū yòu hǎn
谁知她抓住本子又哭又喊。

哭得妈妈只好不去做饭，

奶奶也戴上花镜把本子看，

所有的人都说我不好，

劝她别哭了重写一遍。

我写字累得满头是汗，

墨水都抹到了鼻子尖，

到头还惹得姐姐哭了一场，

唉，她的书包我再也不翻！

1956 年

"告状"

姐姐把书箱砰的一声关上，

气呼呼地就去找爸爸告状，

手指着新买的小人书：

"看叫小弟弄成了什么怪样！"

爸爸皱着眉翻开书页，

微笑却慢慢出现在他脸上。

他招招手叫姐姐一起来看：

"这五颜六色里可大有文章。"

看，红眼的地主长着乱草胡子，

红缨枪对准的是坏蛋的胸膛，

狗腿子的脸上戳了好些洞洞，

黑心的叛徒被棕绳五花大绑。

看，书边上新添的是解放军战士，
草绿色军装上戴着金闪闪的奖章，
太阳照着他红通通的脸，
那拿枪的姿势和小弟一模一样……

姐姐忸怩地用手揪着小辫儿，
她后悔自己告状告得太慌。
爸爸说："去吧，给小弟买个本儿，
心思再好，也不该画在书上。"

1957年

哥哥学问真高深

我的哥哥是个中学生，

他的学问非常高深。

我听说他参加了照相小组，

可是他说那叫什么"摄影"。

他常常背着组里的照相机，

到处比来比去，

就是从没见过，

他照出来的是啥东西。

wǒ hé mèi mei zhěng tiān wéi zhe tā zhuàn
我和妹妹整天围着他转，

hǎo xiàng shì tā de liǎng gè yǐng zi yí yàng
好像是他的两个影子一样。

yǒu yì tiān tā hū rán gāo xìng
有一天他忽然高兴，

yào gěi wǒ men liǎ zhào yì zhāng xiàng
要给我们俩照一张相。

zhè yàng de xìng fú kě zhēn méi xiǎng dào
这样的幸福可真没想到，

wǒ men gāo xìng de yòu tiào yòu jiào
我们高兴得又跳又叫；

kě shì gē ge shuō wǒ men tài zāng
可是哥哥说我们太脏，

wǒ hé mèi mei fēi pǎo qù xǐ liǎn yòu xǐ jiǎo
我和妹妹飞跑去洗脸又洗脚。

tā shuō wǒ xīn huàn de yī shang tài huā
他说我新换的衣裳太花，

shuō mèi mei cái shū de tóu fa tài luàn
说妹妹才梳的头发太乱；

wǒ lián máng yòu huàn shàng xuě bái de chèn shān
我连忙又换上雪白的衬衫，

mèi mei qiú nǎi nai zài chóng shū xiǎo biàn
妹妹求奶奶再重梳小辫。

tā bǎ wǒ men bǎi lái bǎi qù
他把我们摆来摆去，
hǎo xiàng shì liǎng jiàn shén me dōng xi
好像是两件什么东西，
yí huìr jiào wǒ men fēn kāi fēn kāi
一会儿叫我们分开，分开，
yí huìr yòu jiào wǒ men wǎng yí kuàir jǐ zài jǐ
一会儿又叫我们往一块儿挤，再挤……
tā jiào wǒ bǎ yǎn zhēng dà zài dà
他叫我："把眼睁大，再大。"
jiào mèi mei bǎ tóu wǎng zuǒ bian wāi zài wāi
叫妹妹："把头往左边歪，再歪。"
tā shuō nuò xiàn zài wēi xiào wēi xiào
他说："喏，现在微笑，微笑，
bǎ měi lì de yá chǐ lù chū lái
把美丽的牙齿露出来……"

zhào wán xiàng wǒ de yǎn téng de liú le lèi
照完相我的眼疼得流了泪，
liě suān le de zuǐ bàn tiān bù néng shōu huí
咧酸了的嘴半天不能收回，
mèi mei zhí jiào wǒ gěi tā róu rou bó zi
妹妹直叫我给她揉揉脖子，
gē ge shuō zhè zhāng xiàng wǒ bǎo nǐ men měi
哥哥说："这张相我保你们美！"

cóng cǐ wǒ men xīn zhōng tiān le yí duàn shì qing
从此我们心中添了一段事情，
měi tiān zhuī wèn ya měi tiān děng
每天追问呀每天等，
zhōng yú yì tiān xiàng piàn jiāo le chū lái
终于一天相片交了出来，
kě shì yí xià zi bǎ wǒ hé mèi mei jīng dāi
可是一下子把我和妹妹惊呆。

wǒ de yǎn dèng de xiàng zhī gāng chū shuǐ de hǎi bào
我的眼瞪得像只刚出水的海豹，
zī zhe yá yòu xiàng zhī jiàn le yú de xiǎo māo
龇着牙又像只见了鱼的小猫，
mèi mei de xiǎo biàn yì gēn chòng tiān yì gēn zhǐ dì
妹妹的小辫一根冲天一根指地，
tóu wāi de xià ba wán quán méi yǒu le
头歪得下巴完全没有了。

gē ge shuō shè yǐng yào de jiù shì yǒu qíng xù
哥哥说："摄影要的就是有情绪，
mèi mei de xià ba ma shāo quē yì diǎnr méi guān xi
妹妹的下巴嘛……稍缺一点儿没关系。"
ài wǒ de gē ge xué wen shì gāo shēn
唉！我的哥哥学问是高深，
zhǐ shì wǒ men zài bù gǎn zhǎo tā gěi shè yǐng
只是我们再不敢找他给"摄影"。

nián
1957年

三四 "马" 的冰车①

在学校围墙的外面，

在操场后边的后边，

一条小路通向结了冰的池塘，

那是我们的天然溜冰场。

下课钟的余音还在空中振荡，

我们已叫喊着跳过了围墙，

冰滑子②把雪压得吱吱地响，

我们从小路一直滑到冰上……

今天冰场特别安静，

每个人都滑得没有精神，

---

① 冰车：北方孩子用木板和铁片或铁丝做成的一种在冰上滑着玩的小车。

② 冰滑子：北方孩子用木板和铁片或铁丝做成的一种穿在脚上在冰上滑行的类似冰鞋的东西。

dà huǒr　　xiàn mù de dīng zhe yí liàng yǒu kào bèi de bīng chē
大伙儿羡慕地盯着一辆有靠背的冰车，

wǒ hé píng ping gèng shì shě bu de yí kāi yǎn jing
我和平平更是舍不得移开眼睛。

bīng chē zài bīng shàng héng chōng zhí zhuàng
冰车在冰上横冲直撞，

bǎ suì bīng gǎn dào sì miàn bā fāng
把碎冰赶到四面八方，

yáng yang shén qì huó xiàn de zuò zài chē shàng
扬扬神气活现地坐在车上，

yí miàn yāo he zhe　　yí miàn dōng zhāng xī wàng
一面吆喝着，一面东张西望。

wǒ hé píng ping dí gu le bàn tiān
我和平平嘀咕了半天，

jué dìng shàng qián qù hé tā shāng liang
决定上前去和他商量：

zhǐ yào tā ràng wǒ men zuò yì xiǎohuìr
只要他让我们坐一小会儿，

wǒ men jiù sòng tā bō li qiú dàn gōng bǔ dié wǎng
我们就送他玻璃球、弹弓、捕蝶网……

yáng yang yí gè jìnr　　de yáo tóu
扬扬一个劲儿地摇头，

shén me yě dǎ bú dòng tā de xīn cháng
什么也打不动他的心肠。

24

tā shuō rú guǒ wǒ men kěn lā zhe tā zhuàn yì quān
他说，如果我们肯拉着他转一圈，
tā kě yǐ kǎo lǜ ràng wǒ men zuò shàng yí tàng
他可以考虑让我们坐上一趟……

wǒ hé píng ping mǎ shàng tuō diào mián yī
我和平平马上脱掉棉衣，
jǐn yi jǐn bīng huá zi jiù dòng shǒu lā chē
紧一紧冰滑子就动手拉车。
lā wán yì quān yáng yang shuō hái méi zuò gòu
拉完一圈扬扬说还没坐够，
wǒ men cuō yi cuō shǒu yòu lā èr huà méi shuō
我们搓一搓手又拉，二话没说。

dì èr quān lā de wǒ men qì zhí chuǎn
第二圈拉得我们气直喘，
kě tā shuō zhè yì quān zhuàn de hái bú gòu yuán
可他说这一圈转得还不够圆；
wǒ men rěn zhù qì cā le cā hàn
我们忍住气擦了擦汗，
yǎo yi yǎo yá yòu lā dì sān quān
咬一咬牙又拉第三圈。

zuì hòu zǒng suàn gāi lún dào wǒ men shàng chē
最后总算该轮到我们上车，
kě yáng yang yòu shuō píng ping tài pàng huì bǎ chē yā pò
可扬扬又说平平太胖会把车压破；

píng ping qì de bǎ wǒ zhí wǎng chē shàng tuī
平平气得把我直往车上推，

kě yáng yang shuō　　xiàn zài　　zuì hǎo　　huí jiā zuò
可扬扬说："现在……最好……回家做

gōng kè
功课！"

wǒ men liǎng rén mǎ shàng zhuǎn liǎn zǒu kāi
我们两人马上转脸走开，

quán bān tóng xué yě dōu gēn guò lái
全班同学也都跟过来。

pǎo biàn dà jiē wǒ men jiǎn fèi tiě piàn
跑遍大街我们捡废铁片，

sōu biàn gè jiā wǒ men zhǎo jiù mù cái
搜遍各家我们找旧木材。

dì　èr tiān wǒ men quán bān lái dào liū bīng chǎng
第二天我们全班来到溜冰场，

xiào xiào rǎng rǎng de tái zhe bīng chē sān jià
笑笑嚷嚷地抬着冰车三架。

píng ping huà le　yì zhāng lún liú zuò chē biǎo
平平画了一张轮流坐车表，

hái gěi měi liàng chē fēn pèi le sān pǐ　　mǎ
还给每辆车分配了三匹"马"。

rén tuō xià le shǒu tào gěi　　mǎ
人脱下了手套给"马"，

mǎ　　tuō xià le wài yī gěi rén
"马"脱下了外衣给人。

26

rén mǎ dōu jiě xià le wéi jīn
人"马"都解下了围巾，

jié chéng le hóng hóng lǜ lǜ de jiāng shéng
结成了红红绿绿的缰绳。

sān pǐ mǎ de bīng chē zài bīng shàng fēi bēn
三匹"马"的冰车在冰上飞奔，

jǐ lǐ wài jiù néng tīng jiàn huān xiào de shēng yīn
几里外就能听见欢笑的声音。

qí guài de shì mǎ zì jǐ yě huì yāo he
奇怪的是"马"自己也会吆喝：

dēir yū kuài pǎo qián jìn
"嘚儿！吁！快跑！前进！……"

zài bīng chǎng de biān shàng zǒu zhe yǒu kào bèi de bīng chē
在冰场的边上走着有靠背的冰车，

shàng biān zuò zhe shǒu ná bīng chuān zi de yáng yang
上边坐着手拿冰穿子①的扬扬。

wèi shén me tā de chē zhí wǎng qián zǒu
为什么他的车直往前走，

tā de liǎn sè hái nà me qī liáng
他的脸色还那么凄凉？！

nián
1957年

———————
①冰穿子：用木头和铁丝做成，人坐在冰车上如无他人拉车，坐车人用冰穿子撑地，冰车才能前进。

最美的画册

我们美术小组早就决定，

星期日全体去写生，

主题、形式、地点……全无限制，

最美的画将被选在墙报上刊登。

好不容易挨到了星期日的早晨，

我们匆匆地告别在校门。

各人怀着心头的秘密走去，

好像扑啦啦飞散的鸟群。

我夹着颜料和调色盘，

一口气直奔北海公园，

红墙、绿树、闪亮的白塔尖，

小船、流水、人们的笑脸……

28

yí qiè dōu mí zhù le wǒ de xīn
一切都迷住了我的心，

wǒ shí jǐ cì de ná chū le huà bǎn
我十几次地拿出了画板，

měi yí cì què yòu tàn kǒu qì shōu qǐ
每一次却又叹口气收起，

zuì měi de　　zhè kě děi nài xīn de xuǎn
最美的？这可得耐心地选。

yǒu yí cì wǒ xuǎn zhòng le shèng kāi de jú huā
有一次我选中了盛开的菊花。

tā nà tǐng lì de zī tài duō me yǒng gǎn
它那挺立的姿态多么勇敢。

hán fēng chuī bú bài tā de zhī yè
寒风吹不败它的枝叶，

yán shuāng fǎn zhuāng shì le tā de huā bàn
严霜反装饰了它的花瓣。

yǒu yí cì wǒ xuǎn zhòng le zhǎn chì fēi xiáng de xióng yīng
有一次我选中了展翅飞翔的雄鹰，

tā jiǎo jiàn de zài gāo kōng huí xuán
它矫健地在高空回旋。

chuán shuō shì shàng suǒ yǒu de shēng wù
传说世上所有的生物，

zhǐ yǒu tā néng zhí shì tài yáng bù zhǎ yǎn
只有它能直视太阳不眨眼……

我顺着小路走到五龙亭边,

我坐着画舫又回到漪澜堂前。

从清晨直到正午,

画纸上还是空白一片。

下午太阳忽然藏起笑脸,

乌云像把黑伞遮住了蓝天,

霎时间闪电引来迅雷,

倾盆大雨呼啸着扑打地面。

欢乐的行人迅速地走散。

绿树在大雨中低眉垂眼。

雄鹰悄然从天边消逝。

菊花狼狈地披散了花瓣。

我一个劲儿地把自己埋怨,

ào nǎo de děng zhe yǔ xià wán
懊恼地等着雨下完……
hū rán yí gè shǎn diàn zhào dào hóng qiáng shàng
忽然一个闪电照到红墙上，
wǒ tiào qǐ lái fēi kuài de chōu chū le huà bǎn
我跳起来飞快地抽出了画板——

zài běi hǎi hóng qiáng wài miàn
在北海红墙外面，
zài jī guān dà lóu mén qián
在机关大楼门前，
yí gè shào bīng áng shǒu zhàn zài gǎng wèi shàng
一个哨兵昂首站在岗位上，
shǎn diàn zhào liàng tā nà bèi yǔ jī dǎ de cè miàn
闪电照亮他那被雨击打的侧面……

dì èr tiān wǒ xìng gāo cǎi liè de qù cān jiā píng bǐ
第二天我兴高采烈地去参加评比，
wǒ yǒu xìn xīn néng qǔ dé dì yī
我有信心能取得第一。
wǒ huà le gè jiān dìng wú wèi de zhàn shì
我画了个坚定无畏的战士，
hái yǒu shén me néng bǐ tā gèng měi lì
还有什么能比他更美丽？！

kě shì dà jiā yí gè jiē yí gè de jiāo chū le xiě shēng
可是，大家一个接一个地交出了写生，
à yí cì yòu yí cì wǒ jīng qí de zhǎ zhe yǎn jing
啊，一次又一次我惊奇地眨着眼睛。

wǒ de xīn zài xiōng táng pēng pēng tiào dòng
我的心在胸膛怦怦跳动，

wǒ yuè lái yuè gǎn jué dé dì yī de xī wàng yào luò kōng
我越来越感觉得第一的希望要落空：

yǒu yì zhāng huà zhe gāo kōng de jiàn zhù gōng
有一张画着高空的建筑工，

xīn jiàn de lóu fáng zài pāng tuó dà yǔ zhōng céng céng
新建的楼房在滂沱大雨中层层

shàng shēng
上升；

yǒu yì zhāng huà zhe hú tòng kǒu de jiāo jǐng
有一张画着胡同口的交警，

tā zhēng bāng zhe bǎ xiàn zài ní lǐ de dà chē tuī dòng
他正帮着把陷在泥里的大车推动……

zhè yì zhāng yǒu gè bào hái zi de dà niáng
这一张有个抱孩子的大娘，

hòu biān gǎn lái gè tì tā dǎ sǎn de xiǎo xué shēng
后边赶来个替她打伞的小学生；

nà yì zhāng yǒu gè zài yǔ zhōng jiān chí duàn liàn de yùn
那一张有个在雨中坚持锻炼的运

dòng yuán
动员，

tā zhèng zài shuāng gàng shàng rú qīng tíng dào lì
他正在双杠上如蜻蜓倒立。

à zhèr shì wǒ men qīn ài de shào nián gōng
啊！这儿是我们亲爱的少年宫，

33

dēng huǒ bǎ dà yǔ zhào de wù sì de mí méng
灯火把大雨照得雾似的迷蒙。
hóng lǐng jīn men wéi zuò zài shè jì tú qián
红领巾们围坐在设计图前，
zhèng zài tǎo lùn rú hé bǎ rén gōng kòng zhì yǔ liàng
正在讨论如何把“人工控制雨量”
shí xíng
实行。

yì zhāng jiē yì zhāng de cóng yǎn qián shǎn guò
一张接一张地从眼前闪过，
měi yì zhāng dōu bàn suí zhe gè zhǒng zàn tàn shēng
每一张都伴随着各种赞叹声；
zuì hòu yì zhāng dà huǒ què tū rán sù jìng
最后一张大伙却突然肃静，
jiǔ jiǔ de zhēng dà xǐ yuè de yǎn jing
久久地睁大喜悦的眼睛。

zhè yì zhāng shàng biān méi yǒu rén
这一张上边没有人，
huà de shì yǔ zhōng de tiān ān mén
画的是雨中的天安门。
yì pái hóng dēng yíng zhe fēng yǔ
一排红灯迎着风雨，
fàng shè zhe yǒng héng bú miè de guāng míng
放射着永恒不灭的光明。

yí qiè měi dū cóng zhèr chū fā
一切美都从这儿出发，

一切美又回到这儿集中，
这光芒照遍我们广大的国土，
它是中国人民最美的象征。

评比没法进行，
哪一张都必须刊登。
"订成一本画册！"
我们共同做了决定。
天安门的红灯放在首页，
一张张画儿按顺序装订，
《最美的画册》还留着无数空白，
等待小画家们陆续补充。

1957年

"小迷糊" 阿姨

中队奖给我一张戏票，

因为我这次义务劳动挺好。

这是儿童剧院粉红色的小票，

我十分小心地放进了书包。

我每天十几次地打开书包，

天天看哪天天瞧，

终于到了星期天，

我急急忙忙往剧场跑。

36

jù chǎng de shū shu xiàng wǒ shēn shǒu jiǎn piào
剧场的叔叔向我伸手检票，

wǒ zuì hòu yí cì bǎ shǒu shēn jìn shū bāo
我最后一次把手伸进书包，

āi yā fàng piào de dì fang kōng kōng de
哎呀！放票的地方空空的，

wǒ lián máng chāo qǐ shū bāo dōu dǐ yí dào
我连忙抄起书包兜底一倒。

dào chū le wǒ de xǔ duō zuò yè běnr
倒出了我的许多作业本儿，

dào chū le wǒ de xǔ duō zhēn bǎo
倒出了我的许多"珍宝"，

shèn zhì hái dào chū le liǎng gè xiǎo hé tao
甚至还倒出了两个小核桃，

hái dào chū le gāng gāng chéng guo de diàn chē piào
还倒出了刚刚乘过的电车票……

wǒ zhòu zhe méi xiǎng le yòu xiǎng
我皱着眉想了又想，

dī xià tóu hū rán kàn jiàn nà kě wù de chē piào
低下头忽然看见那可恶的车票。

yā yí dìng shì bǎ xì piào cuò gěi le diàn chē
呀，一定是把戏票错给了电车，

wǒ niǔ guò tóu lái jiù wǎng wài pǎo
我扭过头来就往外跑。

电车开过了一辆又一辆，

刚乘的那辆再也没法找到。

我只好回去央告收票的叔叔，

还好我记得座位的排号……

总算我坐进了自己的位子，

十分的快活立刻赶跑了苦恼，

马上就忘掉了刚才对自己的责骂，

忘掉了要永远丢掉"小迷糊"这个绰号。

紫红色的大幕轻轻拉开，

我立刻像回到了亲爱的学校。

台上出现的多像我们的中队，

有"编辑"，有"小逗"，还有"小号"，

出现了"电线杆儿"和"小皮球"，

啊！甚至他们也有个"小迷糊"在
吵 吵……

唉，这个"小迷糊"和我真真一样，
每天东边跑来西边叫，
忙得满头都是汗，
可一件事情也没做好。

不是丢了算术习题，
就是和同学调错了书包；
不是把作文题目抄错，
就是丢掉了戏票……

辅导员让他叫中队长来开会，
他却把整个中队都传到。
中队长让他告诉鼓手练鼓，

tā què qù tōng zhī hào shǒu chuī hào
他却去通知号手吹号……

bù tóng de zhǐ shì tā jīng guò zhōng duì de bāng zhù
不同的只是他经过中队的帮助，
hěn kuài jiù bǎ quē diǎn gǎi diào le
很快就把缺点改掉了。
zhōng duì yě zhǎn kāi le zì wǒ pī píng
中队也展开了自我批评，
cóng cǐ shuí yě bú jiào shuí de chuò hào
从此谁也不叫谁的绰号。

wèi shén me tā néng gǎi de zhè yàng kuài
为什么他能改得这样快？
wèi shén me wǒ què lǎo shì gǎi bù liǎo
为什么我却老是改不了？
wǒ zǐ xì de xiǎng le yòu xiǎng
我仔细地想了又想，
jué dìng qǐng tā gěi wǒ zuò gè bào gào
决定请他给我做个报告。
děng zǐ hóng sè de dà mù gāng gāng bì shàng
等紫红色的大幕刚刚闭上，
wǒ jiù dào hòu tái mén kǒu děng hòu
我就到后台门口等候，
guò le yì fēn zhōng yòu yì fēn zhōng
过了一分钟又一分钟，
zhěng zhěng de guò le bàn gè zhōng tóu
整整地过了半个钟头。

zǒu chū le xǔ duō kuài huo de shū shu
走出了许多快活的叔叔，

zǒu chū le xǔ duō piào liang de ā yí
走出了许多漂亮的阿姨，

zhǐ shì nà ge xiǎo mí hu lǎo méi zōng yǐng
只是那个"小迷糊"老没踪影，

wǒ yuè děng yuè rěn bú zhù xīn lǐ zháo jí
我越等越忍不住心里着急。

wǒ qiāo qiāo de qiāo qiāo de zǒu jìn hòu tái
我悄悄地悄悄地走进后台，

yǎn yuán men chà bu duō quán dōu zǒu guāng
演员们差不多全都走光，

lǎo yuǎn wǒ kàn jiàn xiǎo mí hu zhèng zài xiè zhuāng
老远我看见"小迷糊"正在卸妆，

41

跑过去亲热地把手放在他的肩上。

我滔滔不绝地给他讲我的苦恼，
讲怎么一定要请他做个报告，
讲从此要永远和他做好朋友，
还和他三次击掌表示说到做到。

突然我的话儿断了句，
镜子里怎么出现了奇迹？
糊涂的"小迷糊"突然不见，
变成了一个上年纪的阿姨。
我惊讶地张大了嘴，
看着阿姨直喘气。
想躲找不到地方躲，
不知为什么却向她行了个队礼……

āi gāng cái wèi shén me shuō nà me duō huà
唉！刚才为什么说那么多话，

dōu guài wǒ tài mí hu tài bù zǐ xì
都怪我太迷糊太不仔细。

āi jū rán hái hé tā sān cì jī zhǎng
唉！居然还和她三次击掌，

yě bù zhī ā yí shēng bù shēng qì
也不知阿姨生不生气……

ā yí qīn rè de lā zhù wǒ de shǒu
阿姨亲热地拉住我的手，

hǎo xiàng shì cāi tòu le wǒ de xīn yì
好像是猜透了我的心意。

tā shuō jī guo zhǎng de huàr yí dìng yào zūn shǒu
她说击过掌的话儿一定要遵守，

hái shuō tā yuàn yì hé zhěng gè zhōng duì zuò péng you
还说她愿意和整个中队做朋友。

wǒ jīng yà de wèn tā zhè me dà nián jì
我惊讶地问她这么大年纪，

wèi shén me hái yào yǎn xiǎo háir xì
为什么还要演小孩儿戏？

wèi shén me bú qù zuò zhòng yào de shì qing
为什么不去做重要的事情？

nán dào hé wǒ men jiāo péng you huì yǒu qù
难道和我们交朋友会有趣？

43

ā yí yán sù de kàn zhe wǒ de yǎn jing
阿姨严肃地看着我的眼睛：

nǐ men shì gòng chǎn zhǔ yì jiē bān rén
“你们是共产主义接班人，

wǒ de jué sè néng bāng zhù nǐ men jiàn kāng chéng zhǎng
我的角色能帮助你们健康成长，

nán dào zhè bú shì zhòng yào de shì qing
难道这不是重要的事情？！

yě xǔ nǐ jiāng lái shì gè fēi xíng yuán
“也许你将来是个飞行员。

yào wèi zǔ guó kāi pì tiáo tiáo xīn háng xiàn
要为祖国开辟条条新航线；

yě xǔ nǐ jiāng lái shì gè kē xué jiā
也许你将来是个科学家，

huì zào chū dì yī sōu yǔ zhòu fēi chuán
会造出第一艘宇宙飞船……

yě xǔ nǐ jiāng lái shì gè hé píng zhàn shì
“也许你将来是个和平战士，

yòng xiōng táng bǎo wèi quán shì jiè hái zi de ān quán
用胸膛保卫全世界孩子的安全。

nà shí yě xǔ nǐ huì xiǎng qǐ xiǎo mí hu ā yí
那时也许你会想起‘小迷糊’阿姨，

zěn yàng hé nǐ yì qǐ kè fú quē diǎn
怎样和你一起克服缺点……”

xiàn zài yǐ jīng zhěng zhěng shí nián guò qù
现在已经 整 整 十年过去。

dài zhe tóng nián měi hǎo de jì yì
带着童年美好的记忆——

jīn tiān wǒ chéng le yí gè shè jì shī
今天，我成了一个设计师，

wán chéng le zuì jīng mì de gōng chéng shè jì
完成了最精密的工 程 设计。

wǒ gāng gāng cóng biān jiāng de jiàn zhù gōng dì lái
我刚 刚 从边疆的建筑工地来，

lái běi jīng cān jiā xiān jìn shēng chǎn zhě huì yì
来北京参加先进生 产者会议。

wǒ cōng cōng de yòu gǎn dào ér tóng jù yuàn
我匆 匆地又赶到儿童剧院，

儿童剧院

去看我的"小迷糊"阿姨……
我永远也忘不了那夜的谈话，
也忘不了从那以后的友谊。
当时我刚刚十三岁整，
阿姨的党龄正是我的年纪。
现在阿姨的头发已经开始变白，
可她还在台上演一个"小调皮"。
我坐在自己的位子上左右环顾，
孩子们也正像我那时那样入迷。
愿小调皮们也和阿姨的角色一起成长，
愿阿姨也给你们留下终生的记忆……

1957 年初稿

1959 年修改

起个名字叫葵花

kuí——葵，huā——花，

我教奶奶学文化。

奶奶活了六十八，

再不做那睁眼瞎。

半夜奶奶叫醒我，

给我说开了悄悄话：

"……六十八，六十八，

奶奶半辈子睁眼瞎。

"从来是个没名儿人，

人叫啥来答应啥。

打小叫俺'二妞子'，

chū mén zi jiào zuò   lǎo lǐ jiā
出门子叫作'老李家',
shēng xià hái zi jiào   tā shěn
生下孩子叫'他婶',
tóu fa bái le jiào   dà mā
头发白了叫'大妈'。

jīn tiān fù nǚ fān le shēn
"今天妇女翻了身,
ǎn yě yào bǎ míngr   qǐ xià
俺也要把名儿起下。
hǎo sūn nǚ   nǐ gěi cān móu xià
好孙女,你给参谋下,
nǐ shuō nǎi nai jiào gè shá
你说奶奶叫个啥?"

shén me jīn   shén me yù
什么金,什么玉,
zhū ya bǎo ya bú yào tā
珠呀宝呀不要它,
xīn rén xīn shì xīn sī xiǎng
新人新事新思想,
yào hǎo tīng hǎo jiào yì yì dà
要好听好叫意义大。

cóng yè bàn xiǎng dào gōng jī jiào
从 夜 半 想 到 公 鸡 叫，

xiǎng lái xiǎng qù míngr dìng bú xià
想 来 想 去 名 儿 定 不 下。

tài yáng yì chū tiān dà liàng
太 阳 一 出 天 大 亮，

chuāng hu zhǐ shàng yìn chū yì duǒ dà kuí huā
窗 户 纸 上 印 出 一 朵 大 葵 花……

tū rán nǎi nai gē gē xiào
突 然 奶 奶 咯 咯 笑，

yì lián shēng shuō yǒu la
一 连 声 说 有 啦，

bú jiào zhè lái bú jiào nà
不 叫 这 来 不 叫 那，

qǐ gè míng zi jiào kuí huā
起 个 名 字 叫 葵 花。

kuí huā kāi huā xiàng tài yáng
"葵 花 开 花 向 太 阳，

wǒ yí piàn hóng xīn yǒng xiàng dǎng
我 一 片 红 心 永 向 党，

yì shēng yí shì gēn dǎng zǒu
一 生 一 世 跟 党 走，

jiàn shè zán rén mín de xīn guó jiā
建设咱人民的新国家……"

wǎng hòu nǐ jiàn le wǒ nǎi nai
往后你见了我奶奶，

kě bié zài jiào tā lǐ dà mā
可别再叫她李大妈。

xuǎn jǔ zhèng shàng zì tián míng
选举证上自填名，

hé píng qiān míng yě méi là xià
和平签名也没落下，

duān duān zhèng zhèng sān gè zì
端端正正三个字，

xiān hóng tòu liàng zhào kuí huā
鲜红透亮"赵葵花"。

nián
1958 年

yì tiān hé yì nián
一天和一年

jīn tiān shì chú xī
今天是除夕，
míng tiān jiù shì yuán rì
明天就是元日①。
míng tiān lí jīn tiān zhǐ yǒu yì tiān
明天离今天只有一天，
bù zhī zěn me què huì shì liǎng nián
不知怎么却会是两年。

wǒ yuè xiǎng yuè jué de yǒu qù
我越想越觉得有趣，
shǒu xiān xiàng yé ye bào gào wǒ de fā xiàn
首先向爷爷报告我的发现，
yé ye bù zhī wèi shén me lèng le bàn tiān
爷爷不知为什么愣了半天，
pāi zhe wǒ de tóu shuō　ài　tóng nián a tóng nián
拍着我的头说：“唉，童年啊童年……”

---

① 元日：农历正月初一。

nǎi nai gǎn guò lái xiào le bàn tiān
奶奶赶过来笑了半天，

kě yě méi gěi wǒ shén me dá àn
可也没给我什么答案，

zhǐ hé yé ye bìng pái zuò zhe
只和爷爷并排坐着，

jiǎng qǐ le jiā xiāng de xiǎo hé hé dà shān
讲起了家乡的小河和大山……

wǒ shēng qì de qù zhǎo mā ma
我生气地去找妈妈，

mā ma què bào zhe wǒ qīn le yòu qīn
妈妈却抱着我亲了又亲，

mò liǎo shuō   wǒ de ér zi ya ér zi
末了说："我的儿子呀儿子，

zhè kě zhēn shì gè shī yì de fā xiàn
这可真是个诗意的发现。"

tā wèn wǒ zhè xué qī yǔ wén měi cì kǎo duō shao fēn
她问我这学期语文每次考多少分，

yòu cóng tóu xì kàn wǒ zuò wén de kè juàn
又从头细看我作文的课卷。

hái shi bà ba tóu nǎo qīng chu
还是爸爸头脑清楚，
tā cóng chōu ti lǐ ná chū xǔ duō zhāng shè jì fāng àn
他从抽屉里拿出许多张设计方案：
nǐ kàn ér zi tā men jīn tiān hái shi tú zhǐ
“你看，儿子！它们今天还是图纸，
míng nián jiù dōu huì biàn chéng wàn dūn de dà chuán
明年就都会变成万吨的大船。

nǐ zhī dào míng nián huì yǒu duō shǎo tiáo xīn de tiě lù
“你知道明年会有多少条新的铁路？
quán guó huì zēng jiā duō shǎo tiáo zì dòng huà liú shuǐ xiàn
全国会增加多少条自动化流水线？
huì yǒu duō shao shā mò biàn chéng lǜ zhōu
会有多少沙漠变成绿洲？
huì yǒu duō shao shào xiān duì yuán chéng zhǎng wéi gòng qīng
会有多少少先队员成长为共青
tuán yuán
团员……”

à jīn tiān a jīn tiān
啊，今天啊今天，
wú shù gè jīn tiān dài lái le míng nián
无数个今天带来了明年。

měi yí gè míng tiān dōu yóu yí gè jīn tiān biàn chū
每一个明天都由一个今天变出，

měi yí gè jīn nián dōu yǒu yí gè míng nián lái jiē bān
每一个今年都有一个明年来接班。

wǒ zhēn hòu huǐ jīn tiān shì jīn nián de zuì hòu yì tiān
我真后悔今天是今年的最后一天，

wú shù gè liú zài le wǒ de shì juàn
无数个 × × √ √ 留在了我的试卷。

míng nián wǒ yí dìng ràng zuò yè běn quán shì
明年我一定让作业本全是√，

ài xìng kuī míng nián shì cháng cháng de tiān
唉！幸亏明年是长长的366天……

xiě yú nián zuì hòu yì tiān
写于1983年最后一天

我可快乐
wǒ kě kuài lè

妈妈问我：
mā ma wèn wǒ

"春游可快乐？"
chūn yóu kě kuài lè

爸爸问我：
bà ba wèn wǒ

"春天你最爱什么？"
chūn tiān nǐ zuì ài shén me

哦，蜻蜓透明的翅膀，
ò qīng tíng tòu míng de chì bǎng

可夹带着风声吗？
kě jiá dài zhe fēng shēng ma

蜜蜂嗡嗡地唱着，
mì fēng wēng wēng de chàng zhe

歌儿全都是蜜的颜色……
gē ér quán dōu shì mì de yán sè

我最爱什么？
wǒ zuì ài shén me

哦，真来不及说。
ò zhēn lái bu jí shuō

我干脆打开我的调色碟，
wǒ gān cuì dǎ kāi wǒ de tiáo sè dié

请看吧——我可快乐？
qǐng kàn ba wǒ kě kuài lè

吹泡泡

红的花，白的花。

花间两个小娃娃。

小娃娃，干什么？

比比谁吹的泡泡大！

别出声，别说话，

憋足气，使劲儿呀！

啊——

吹圆了泡泡，

吹鼓了面颊，

吹暖了春天，

吹笑了——

啊，吹笑了满树鲜花……

雪地上的孩子

wǒ bù shuō nǐ shì wèi lái de tiān é
我不说你是未来的天鹅，

wǒ bù shuō nǐ shì xuě lián bān de huā duǒ
我不说你是雪莲般的花朵，

wǒ zhǐ shuō nǐ shì gè xiǎo xiǎo de yǒng shì
我只说你是个小小的勇士，

gǎn dú zì tóu shēn lǐn liè de bái sè
敢独自投身凛冽的白色。

ràng yǎn jing xí guàn yú xuě huā de jīng yíng
让眼睛习惯于雪花的晶莹，

hái zi cóng cǐ nǐ jiāng bù néng róng rěn hún zhuó
孩子从此你将不能容忍浑浊。

ràng fèi fǔ zhǐ jiē nà qīng xīn de kōng qì
让肺腑只接纳清新的空气，

hái zi nǐ jiù huì zhōng shēng
孩子你就会终生

wèi jìng huà shēng huó ér pīn bó
为净化生活而拼搏。

飞吧，鸽子

飞吧，飞吧，
美丽的小鸽子。
请你向西，
请你向东。

向东越过蓝蓝的大海，
向西翻过高高的山峰。
给世界所有的小朋友，
送去中国孩子的友情。

母与子
（mǔ yǔ zǐ）

小鹿，小鹿，
（xiǎo lù　xiǎo lù）

没见你时，真为你着急：
（méi jiàn nǐ shí　zhēn wèi nǐ zháo jí）

妈妈的脖子那么长，
（mā ma de bó zi nà me cháng）

想亲亲她可怎么办呢？
（xiǎng qīn qin tā kě zěn me bàn ne）

小鹿，小鹿，
（xiǎo lù　xiǎo lù）

看见了你，我满心欢喜：
（kàn jiàn le nǐ　wǒ mǎn xīn huān xǐ）

原来你脖子也那样长，
（yuán lái nǐ bó zi yě nà yàng cháng）

一点儿不妨碍你和妈妈亲昵。
（yì diǎnr　bù fáng ài nǐ hé mā ma qīn nì）

哦，长颈鹿，长颈鹿，
（ò　cháng jǐng lù　cháng jǐng lù）

多么有趣。
（duō me yǒu qù）

59

是不是

是不是天下的妈妈

都一样啰唆?

不许这个，不许那个，

没完没了地来回数落……

每天早上妈妈去上班，

我和妹妹多么快活;

可为什么她还没有下班，

我和妹妹又急急地到路边等着……

60

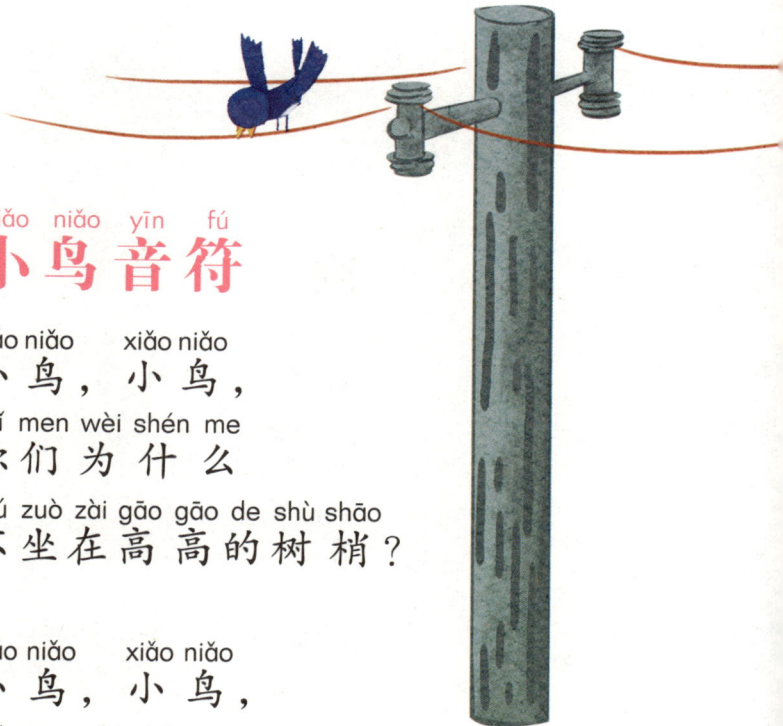

小鸟音符

小鸟，小鸟，

你们为什么

不坐在高高的树梢？

小鸟，小鸟，

你们为什么

在电线上来回跳跃？

明白了，明白了，

你们错把电线

当成五线谱了。

小鸟音符，

啊，音符小鸟——

多么美丽的曲调……

1979年

61

雨

淅沥——淅沥，
下着小雨。
多么愁人，
淅沥——淅沥……

大鹅——大鹅。
它不怕雨。
摇摇摆摆，
走来——走去。

海獭——海獭，
它不怕雨。

tiān yuè bù hǎo
天 越 不 好 ，

tā yuè huān xǐ
它 越 —— 欢 喜 。

zǒng yǒu yì tiān
总 有 一 天 ，

wǒ men dōu yǒu
我 们 都 有 ——

xiàng dà é bān chuān de wài tào
像 大 鹅 般 穿 的 "外 套" ，

xiàng hǎi tǎ bān chuān de dà yī
像 海 獭 般 穿 的 "大 衣" 。

nà shí wǒ men
那 时 —— 我 们 ，

zì yóu lái qù
自 由 来 去 ，

guǎn tā dà yǔ
管 它 —— 大 雨 ，

hái shi xiǎo yǔ
还 是 —— 小 雨 ……

1980 年

如果我是国王

如果我是国王，

我要给全国的妈妈下一道命令：

不要把孩子们关在家里，

请让他们去捕捉阳光吧！

让他们去追风，去淋雨，

去和小河一道游戏。

可惜，我不是国王，

妈妈们对我理也不理，

我只好，只好自立为王，

先画完这张《嬉水》，

再画一张《雨中嬉戏》。

鱼儿的妈妈

天黑啦，天黑啦！

钓鱼的，回家吧！

你的妈妈在等你；

鱼儿的妈妈在等它……

65

黄　昏

绿油油的草原，
罩上了金红色的纱巾；
淘气的小马，
脚步也越来越沉。

所有的妈妈，都扯开嗓子，
一声声高叫自己孩子的小名。
我们的心里，越来越想念
帐篷里的热气，
炉台上的烤饼……

哦，人们说：
"这就叫作——黄昏。"

66

荷的王国

原来我一见荷塘
就拿不定主意，
变蝴蝶，变蜻蜓，
还是变 小鱼……

淋着这 蒙 蒙 的细雨，
哦，我已化作其 中 的一滴，
永 远有了荷花的颜色，
荷花的芬芳和 整个
荷塘的韵律。

67

我站在大楼顶上

我站在高高的楼顶上，

呀，世界多么美丽！

就是不知道所有盖楼的叔叔，

是不是都住进了新楼里？

向往

为什么大楼盖得这样慢？
砌一块砖，又一块砖……
急得"大老吊"哼哼唧唧地直叫唤。

等我长大了去盖大楼，
我要一天就盖一座，
一眨眼就是一大片。

让所有的小朋友都那样惊奇，
然后就拉着妈妈的手，欢欢喜喜、
欢欢喜喜地往新楼里搬……

瞭望哨
liào wàng shào

美丽的、红嘴巴的小鸟，
měi lì de　hóng zuǐ ba de xiǎo niǎo

为什么，你不飞也不叫；
wèi shén me　nǐ bù fēi yě bú jiào

你只这样静静地蹲着，
nǐ zhǐ zhè yàng jìng jìng de dūn zhe

天黑了，也不睡觉？
tiān hēi le　yě bú shuì jiào

小鸟，小鸟，天黑了！
xiǎo niǎo　xiǎo niǎo　tiān hēi le

风来了——雨来了——
fēng lái le　yǔ lái le

你怎么一点儿不听我的劝告？
nǐ zěn me yì diǎnr　bù tīng wǒ de quàn gào

哦，原来你是个瞭望哨。
ò　yuán lái nǐ shì gè liào wàng shào

71

运河的故事

运河运河，我
至今奇怪为什么有
的人面对你能谈笑
自若？

既然你的每一
尺每一寸都凝聚着
开河工人的悲欢
离合……

72

yùn hé a yùn hé　　wǒ zhì jīn yě tǎo yàn nǐ
运河啊运河，我至今也讨厌你

liǎn sè mò rán　　píngjìng wú bō
脸色漠然，平静无波，

nǐ yīng gāi bǎ suǒ yǒu nǐ de gù shi hé chuán shuō
你应该把所有你的故事和传 说

cóng xiǎo jiù kè jìn měi gè hái zi de xīn wō
从 小就刻进每个孩子的心窝……

小鸭子

小鸭子，小鸭子，

你们排队去哪里？

河里的冰还没化尽呢，

你们的性子有多么急……

谁说的，谁说的？

树发青，草发绿，

到处蹦着小虾米，

清清的水儿暖暖的……

月随歌声起

谁的歌，谁的歌

唱得这样高亢？

震得大雁扑棱棱起飞，

翅膀上洒满银色的月光……

大雁高飞，高飞却不远去，

好像要找我们一起商量：

究竟是月光牵出了歌声，

还是歌声托起了月亮？

远山的回音

远处的大山，空空的
没有一个人影。
可它却有，长长的
清清亮亮的声音——

大山，大山，是什么鸟
在你怀里唱吗——
哦，原来是我们，我们自己
向你呼唤的长长的回声……

月亮的家乡

我和妹妹累了，

就赶快回家睡觉。

月亮，月亮，

你也有自己的轨道。

可究竟哪里是你的故乡，

哪颗星是你的妈妈？

月亮，月亮，

你到今天还不知道吗？

我和妹妹多想马上长大，

长大了去访问每颗星星，

帮你找到家乡，找到妈妈，

月亮，月亮，你等着吧！

月亮的脚步

谁说月亮只有一个，

我说它有很多很多……

不信你跑，你跑呀——

跑得越快，月亮越多。

只是不知道

为什么——

我们的脚步

带着汗水，带着喘息。

月亮的脚步，却永远

那样轻盈又快活……

78

植物园

这儿怎么有这么多种草，

有这么多不同形态的花！

哦，原来植物也像人，

每个"人"都有自己的家，

有自己的朋友，

自己的敌人，

自己的家族、谱系、亲戚……

哦，真像人类一样复杂。

79

lǎo hǔ lái dào hǎi biān
老虎来到海边

lǎo hǔ lái dào hǎi biān
老虎来到海边，

bèi páng xiè hěn hěn de qián le yí xià
被螃蟹狠狠地钳了一下。

lǎo hǔ lǎo hǔ nǐ téng ma
老虎，老虎，你疼吗？

nǐ zhè ge wēi yán de jiā huo
你这个威严的家伙，

nǐ bié shēng qì de tiào la ài
你别生气地跳啦，唉！

shuí ràng nǐ lí kāi mì mì shān lín de ne
谁让你离开密密山林的呢？

我今天怎么了

平常我溜冰溜得很好，
同学们都承认我水平很高；
可今天他们都很奇怪，
为什么我老是摔跤？

唉，他们哪里知道，
昨天我看过芭蕾舞了。
我一心一意学《吉赛尔》①，
想要像主人公那样优雅地跳……

---

①《吉赛尔》：古典芭蕾舞剧名。

海滨浴场

普希金① 爷爷的大海边上，
尽是些贵老爷和贵夫人。
难怪那美丽的小金鱼，
游得远远的，不见了踪影……

我们海边的疗养院里，
尽是些普通的运动员和工人。
美丽的小金鱼呢？
就是高高兴兴跳水的我们！

① 普希金（1799—1837）：俄国诗人。

海誓
hǎi   shì

shén me jiào shī gē
什 么 叫 诗 歌？
wǒ cóng lái bù dǒng de
我 从 来 不 懂 得；
kě tīng zhe yǎn yuán lǎng sòng
可 听 着 演 员 朗 诵，
wǒ kàn jiàn le tā de yán sè
我 看 见 了 它 的 颜 色。

tā shì lán de
它 是 蓝 的，
xiàng dà hǎi yí yàng shēn yuǎn
像 大 海 一 样 深 远；
tā shì bái de
它 是 白 的，
xiàng ā chū   de lèi zhū zài gǔn luò
像 阿 初 ① 的 泪 珠 在 滚 落……

tā shì hēi de
它 是 黑 的，
xiàng méi yǒu xīng xing de yè wǎn
像 没 有 星 星 的 夜 晚；

---

① 阿初：中国著名诗人李季作品《海誓》中的主人公。

83

它是金的，

像 灯塔的灯 光 闪 烁……

哦，它还是红的，

像 音 乐，像 火……

难 怪 我 第一次认识你，

就 爱 上 了 你——诗 歌。

闪光的鱼

鱼儿呀鱼儿，闪光的鱼，
等我长大了，我就不会
这样看着你们叹气！

那时我不但可以和你们
一起遨游在深深的海底，
我还可以飞上高高的天空
去找星星做游戏……

你们说，说呀——
那时候，是你们妒忌，
还是我妒忌？！

海的女儿

我原来以为大海
全是碧蓝碧蓝的颜色。
可安徒生①爷爷告诉我：
海的女儿那灰色的寂寞……

几千年了，海的女儿，
你还在岩石上哭吗？
让我把人间的颜色都倒进海里，
带给你我们的歌和欢乐……

① 安徒生（1805—1875）：丹麦童话作家。

听小泽征尔

小泽征尔，哦，小泽先生，
他们说我不会理解你。
你那么大，我那么小，
浪费了票，多么可惜。
说得我的心也"嗵嗵"直跳，
也许，也许……

可是小泽，哦，小泽先生，
原来我完完全全懂得你。
你手中的魔棍刚一挥舞，
我登时看见，看见——
那样透明的蓝天，
那样碧绿的草地……

xiǎo niǎo zài tiān shàng fēi lái fēi qù
小鸟在天上飞来飞去，

chì bǎng bǎ lán tiān dōu huá chū le hén jì
翅膀把蓝天都划出了痕迹。

ò yuán lái xiǎo niǎo bù jǐn jǐn huì gē chàng
哦，原来小鸟不仅仅会歌唱，

tā men yě huì huān xiào yě huì kū qì
它们也会欢笑，也会哭泣。

tā men xiào xiào de wǒ xīn huā nù fàng
它们笑，笑得我心花怒放；

tā men kū kū de wǒ yě liú xià
它们哭，哭得我也流下

bīng lěng bīng lěng de lèi dī
冰冷冰冷的泪滴……

ò xiǎo zé xiān sheng qǐng nǐ
哦，小泽先生，请你——

qǐng nǐ ràng tā men dōu huān lè de chàng ba
请你让它们都欢乐地唱吧，

qǐng nǐ qǐng nǐ mò zài ràng tā men kū qì
请你，请你莫再让它们哭泣。

qǐng nǐ gào su tā men
请你告诉它们：

shì wǒ yí gè bā suì de zhōng guó hái zi
是我，一个八岁的中国孩子

zài zhè yàng qǐng qiú nǐ
在这样请求你，

à qǐng qiú nǐ
啊，请求你！

nián
1979年

宝石墙
bǎo shí qiáng

我和妹妹在大坝上追赶月亮，
wǒ hé mèi mei zài dà bà shàng zhuī gǎn yuè liang

月亮使劲儿把我们的影子拉长。
yuè liang shǐ jìnr bǎ wǒ men de yǐng zi lā cháng

哦，影子在这里也是彩色的了，
ó yǐng zi zài zhè lǐ yě shì cǎi sè de le

好像那闪闪发光的宝石墙。
hǎo xiàng nà shǎn shǎn fā guāng de bǎo shí qiáng

哦，怎么影子也浑身直冒热气，
ó zěn me yǐng zi yě hún shēn zhí mào rè qì

就好像当年那些筑坝的叔叔一样？
jiù hǎo xiàng dāng nián nà xiē zhù bà de shū shu yí yàng

古代艺术遗址

我怎么能、能相信
这美丽的博物馆
是奴隶们建造？

91

老师说奴隶们

劳动时，还戴着

沉重的脚镣……

太阳、月亮、骏马、小鸟，

一切一切的形象

都这样美好……

好像古代的奴隶

穿过长长的岁月，

走来向今天的人们问好！

爸爸在工作

我家的房子也许不大，

我家的桌子也许很破，

可是爸爸一开始工作，

　窗　前就开满春天的花朵。

鸟儿在蓝天里高高地飞，

小兔子在森林里奔跳出没，

空气里充满松脂的香气，

清亮亮的泉水从我心上流过……

看，爸爸的裤子上还有一个补丁，

可妈妈说百万富翁也没有他阔。

哦，如果所有的爸爸都这样工作，

那世上所有的孩子该多么快活！

老树的故事

老树，老树，

你怎么这么大！

你活够一百岁了吗？

有多少鸟儿

在你身上安过家，

和你谈过话？

它们是从哪儿来的？

唱的都是什么歌呢？

这些身穿礼服的音乐家！

老树，老树，

告诉我吧，告诉我——

所有的故事和童话……

1980 年

小红花

xiǎo hóng huā

jiě jie bǎ zhǒng zi zhòng zài xiǎo pén lǐ
姐姐把种子种在小盆里，

tiān tiān yòng shuǐ lái jiāo tā
天天用水来浇它。

jiāo ya jiāo ya zhǎng chū gè xiǎo nèn yá
浇呀，浇呀，长出个小嫩芽，

jiāo ya jiāo ya kāi chū duǒ xiǎo hóng huā
浇呀，浇呀，开出朵小红花。

zhè duǒ xiǎo hóng huā
这朵小红花，

hóng ya hóng jí la
红呀红极啦，

bù guǎn shén me rén
不管什么人，

yí jiàn jiù ài tā
一见就爱它。

kě shì jiě jie ya
可是姐姐呀，

piān bù xǔ wǒ men zǒu jìn tā
偏不许我们走近它，

jí de xiǎo huáng wāng wāng jiào
急得小黄汪汪叫，

qì de mèi mei yào qù gào mā ma
气得妹妹要去告妈妈。

wǒ shuō　　　jiě jie ya
我说："姐姐呀！

nǐ ràng wǒ zǒu jìn nǎ pà yí bù ba
你让我走近哪怕一步吧，

wǒ xiǎng wén wen huā ér yǒu duō xiāng
我想闻闻花儿有多香，

wǒ xiǎng kàn kan yè shàng de lù zhū huà méi huà
我想看看叶上的露珠化没化。"

xiǎo huáng tóng yì wǒ de huà
小黄同意我的话，

diǎn tóu zhǎ yǎn yáo wěi ba
点头眨眼摇尾巴；

mèi mei tóng yì wǒ de huà
妹妹同意我的话，

bā zhang pāi de pī pī pā
巴掌拍得噼噼啪。

kě shì jiě jie ya
可是姐姐呀，

guāng shì yáo tóu bù shuō huà
光是摇头不说话，

liǎng zhī dà yǎn zhuàn na zhuàn
两只大眼转哪转，

bù zhī xīn lǐ xiǎng shén me
不知心里想什么。

cāi zháo la   cāi zháo la
"猜着啦！猜着啦！

nǐ pà wǒ men qiā le tā
你怕我们掐了它，

jiě jie ya   nǎr   de huà
姐姐呀，哪儿的话，

wǒ men zǎo jiù zhǎng dà la
我们早就长大啦！

yàng yàng shì qing dōu huì zuò
"样样事情都会做，

zhè pén xiǎo huā chū bù liǎo chà
这盆小花出不了岔，

bú xìn jǐn guǎn jiāo gěi wǒ
不信尽管交给我，

bǎo zhèng zhǎng chéng dà hóng huā
保证长成大红花！”

jiě jie de yǎn jing hái zài zhuàn
姐姐的眼睛还在转，

zhuàn zhe zhuàn zhe tíng zhù la
转着转着停住啦，

bàn tiān bàn tiān diǎn le tóu
半天半天点了头：

nǐ men de yāo qiú dā ying la
"你们的要求答应啦。

bú guò xiān bǎ huà shuō xià
"不过先把话说下：

xiǎo hóng huā yào zài   wǔ yī   sòng mā ma
小红花要在'五一'送妈妈，

zhè ge láo dòng bù jiǎn dān
这个劳动不简单，

nǐ men děi xué zhe zhào gù tā
你们得学着照顾它。”

mèi mei xǐ huan de zhí qīn jiě jie de liǎn
妹妹喜欢得直亲姐姐的脸，

xiǎo huáng wéi zhe jiě jie de tuǐ luàn bèng tiào
小黄围着姐姐的腿乱蹦跳，

wǒ yì bǎ zhuā zhù jiě jie de shǒu
我一把抓住姐姐的手，

bǎo zhǔn méi shì fàng xīn ba
“保准没事放心吧！”

xiǎo hóng huā lái dào le wǒ men shǒu xià
小红花来到了我们手下，

tiān tiān pàn wàng tā zhǎng dà
天天盼望它长大，

gè gè dōu yǒu hǎo zhǔ yi
个个都有好主意，

wéi tā chǎo le duō shao jià
为它吵了多少架。

wǒ gāng bǎ tā duān dào tài yáng xià
我刚把它端到太阳下，

yì zhuǎn yǎn jiù yòu méi yǐngr la
一转眼就又没影儿啦，

hǎo róng yì zhǎo dào le chú fáng lǐ
好容易找到了厨房里，

mèi mei shuō lú tái shàng cái nuǎn huo na
妹妹说：“炉台上才暖和哪！”

wǒ ná shǒu liáng le yí xià xiǎo hóng huā
我拿手量了一下小红花，

mèi mei jiù děi mō liǎng xià
妹妹就得摸两下；

xiǎo huáng yòng shé tou lái huí de tiǎn
小黄用舌头来回地舔，

wán le hái děi wén wen tā
完了还得闻闻它。

wǒ ná shuǐ lái jiāo yì huí
我拿水来浇一回，

xiǎo mèi jiù děi jiāo liǎng xià
小妹就得浇两下；

wǒ ná shī bù cā yi cā yèr
我拿湿布擦一擦叶儿，

tā jiù yòng shuǐ lái xǐ huā
她就用水来洗花。

xiǎo huáng kàn kan wǒ
小黄看看我，

yòu qù xué xue tā
又去学学她，

xiān yòng shé tou tiǎn
先用舌头舔，

hòu yòng zhuǎ zi zhuā
后 用 爪 子 抓 。

jiāo ya   jiāo ya
浇 呀 ， 浇 呀 ，
cā ya   cā ya
擦 呀 ， 擦 呀 ，
xǐ ya   xǐ ya
洗 呀 ， 洗 呀 ，
tiǎn ya   zhuā ya
舔 呀 ， 抓 呀 ……
āi yā yā   kā chā chā
哎 呀 呀 —— 咔 喳 喳 ！
kě lián de xiǎo hóng huā
可 怜 的 小 红 花 ，
zhěng zhěng qí qí diào xià lái
整 整 齐 齐 掉 下 来 ，
zhī ér duǒ ér fēn le jiā
枝 儿 朵 儿 分 了 家 ！

wǒ shuō mèi mei bù gāi xǐ
我 说 妹 妹 不 该 洗 ，
mèi mei lài wǒ bù gāi cā
妹 妹 赖 我 不 该 擦 ，

小黄伸脖汪汪叫，

怪就怪它不该抓。

妹妹的眼泪来得快，

眼泪也救不活小红花，

小黄低头耷拉尾巴，

我的心里像针扎。

可怜的小红花掉了，

妈妈的好礼物没了。

这到底是怎么回事啊？

这错处到底在哪儿呢？

1956年

眼镜惹出了什么事情

爸爸还有十分钟就要上班,

大家已经和他说过再见,

可是为什么他还不走?

来来回回地满屋乱转。

也许他只是随便走走,

可为什么那样不安?

也许他是在考虑问题,

那为什么把口袋乱翻?

迎着大家疑问的眼光,

爸爸说:“我……我的眼镜怎么找不见?”

哎呀,这可是个了不起的大事儿!

méi yǒu yǎn jìng　　bà ba shén me yě kàn bú jiàn
没有眼镜，爸爸什么也看不见。

yě xǔ shì fàng zài le xiě zì tái shàng
也许是放在了写字台上，
shuō bu dìng wàng jì zài zhěn tou páng biān
说不定忘记在枕头旁边，
nán dào shuō yī fu kǒu dai yǒu le kū long
难道说衣服口袋有了窟窿？
huì bú huì shì diū zài bào jià qián miàn
会不会是丢在报架前面？

wǒ men quán jiā lì kè jǐn jí dòng yuán
我们全家立刻紧急动员。
nǐ lái wǒ wǎng bǐ zǒu mǎ dēng hái huān
你来我往比走马灯还欢。
mā ma yì miǎo zhōng kàn yí cì biǎo
妈妈一秒钟看一次表，
miǎo zhēn kā dā kā dā zhí wǎng qián gǎn
秒针咔嗒咔嗒直往前赶。

chuáng shàng chuáng xià dōu zhǎo biàn
床上床下都找遍，

zhuō qián zhuō hòu lái huí zhuàn
桌前桌后来回转，

chōu ti lā kāi yòu guān shàng
抽屉拉开又关上，

guì mén lái huí zhí hū shan
柜门来回直忽闪。

dà jiā dōu shuō yǎn jìng méi diū zài jiā lǐ
大家都说眼镜没丢在家里，

bà ba kě yì kǒu yǎo dìng méi wàng zài wài bian
爸爸可一口咬定没忘在外边。

yǎn jìng ya yǎn jìng nǐ dào dǐ duǒ zài nǎ lǐ
眼镜呀眼镜，你到底躲在哪里，

zěn me huì wú yǐng wú zōng bú jiàn miàn
怎么会无影无踪不见面？

gē ge lèi de zài zhuō zi dǐ xia zhí chuǎn
哥哥累得在桌子底下直喘，

jiě jie xiǎo biàn sǎn le yě gù bú shàng biān
姐姐小辫散了也顾不上编，

mā ma liǎn shàng yě zhǎng mǎn hēi hú zi
妈妈脸上也长满"黑胡子"，

kàn lái bà ba zhǐ hǎo méi yǒu yǎn jìng qù shàng bān
看来爸爸只好没有眼镜去上班。

hū rán mèi mei liǎng yǎn zhēng de liū yuán
忽然妹妹两眼睁得溜圆：

è zěn me xiǎo dì méi yǒu lái bāng luàn
“呃，怎么小弟没有来‘帮乱’？”

shì a wèn wen tā yě xǔ kě yǐ dé diǎnr
是啊！问问他也许可以得点儿

xiāo xi
消息，

yí zěn me tā duǒ zài chǔ cáng shì lǐ biān
咦？怎么他躲在储藏室里边？！

xiǎo dì yǐ jīng shuì de hěn shú
小弟已经睡得很熟，

tā de liǎn shàng yǒu yí wèn hái yǒu yōu chóu
他的脸上有疑问还有忧愁，

shēn biān duī zhe nà me xiē běn fān kāi de shū
身边堆着那么些本翻开的书，

yǎn jìng ma jiù jià zài nà yǒu xué wen de qiào bí zi
眼镜嘛，就架在那有学问的翘鼻子

shàng tou
上头！

xiǎo dì liǎn shàng de yǎn lèi hái méi gān
小弟脸上的眼泪还没干，

zài mèng lǐ hé yǎn jìng chǎo jià hái méi chǎo wán
在梦里和眼镜吵架还没吵完；

xiǎo dì de zuǐ jīng qí de wēi wēi zhāng kāi
小弟的嘴惊奇地微微张开，

yǒu xǔ duō wèn tí yào yǎn jìng huí dá míng bai
有许多问题要眼镜回答明白——

wèi shén me jiě jie ná suàn shù qù wèn bà ba
“为什么姐姐拿算术去问爸爸，
bà ba zhǐ bǎ nǐ wǎng bí zi shàng yí jià
爸爸只把你往鼻子上一架，
nǐ jiù bǎ shuō de míng míng bái bái
你就把1234说得明明白白，
ràng jiě jie huān huān xǐ xǐ de zǒu kāi
让姐姐欢欢喜喜地走开？

wèi shén me gē ge ná zhe yǒu tú de běn zi qù zhǎo bà ba
“为什么哥哥拿着有图的本子去找爸爸，
bà ba zhǐ bǎ nǐ wǎng bí zi shàng yí jià
爸爸只把你往鼻子上一架，
jiù gào su gē ge xǔ duō dà hú hé dà shān
就告诉哥哥许多大湖和大山，
hái néng jiǎng chū wǒ men zǔ guó duō me wěi dà
还能讲出我们祖国多么伟大！

wèi shén me mèi mei ná zhe hóng bǐ qù zhǎo bà ba
“为什么妹妹拿着红笔去找爸爸，
bà ba zhǐ bǎ nǐ wǎng bí zi shàng yí jià
爸爸只把你往鼻子上一架，
zhǐ shàng jiù chū xiàn shǎn liàng de hóng xīng
纸上就出现闪亮的红星，
hái yǒu yí zuò zuò gāo lóu dà shà
还有一座座高楼大厦？

"还有妈妈拿着厚厚的书本去找
爸爸，

爸爸只把你往鼻子上一架，

嘴里就讲出许多我听不懂的、

又奇怪又好听的外国话。

"我也想知道算术怎么算。

我也要知道祖国多伟大。

我也想把红星画在大楼上。

我也要会说外国话。

"眼镜啊眼镜，

为什么你光帮爸爸的忙？

眼镜啊眼镜，

为什么你不听我的话？！"

108

小弟弟在梦里和眼镜吵架，

不知道眼镜对他怎么回答。

妈妈轻轻地从翘鼻子上取下眼镜，

交给了满头大汗的爸爸。

爸爸摇摇头笑着走出大门，

妈妈还在看着小弟出神。

小弟的嘴里还在咕哝，

那翘鼻子上还留着两道红印。

唉，小弟呀小弟，

你这个小糊涂！

有学问要靠自己努力，

眼镜怎么能代替你学习？！

1956年

友谊的大门

人说你是国际机场，

我管你叫"友谊的大门"。

从闪闪发光的大飞机上，

走下来世界各地的友人。

看红、黄、白、黑、棕……

各色的手握得多紧。

"你好吗，北京？"

"哦，朋友，欢迎！"

看望 kàn wàng

小鹿呀，你快跑，
xiǎo lù ya nǐ kuài pǎo

请你们千万快跑，
qǐng nǐ men qiān wàn kuài pǎo

卖火柴的小女孩，
mài huǒ chái de xiǎo nǚ hái

她的火柴，快要燃尽了……
tā de chái kuài yào rán jìn le

我们的雪橇里
wǒ men de xuě qiāo lǐ

带着她想要的火炉、面包、
dài zhe tā xiǎng yào de huǒ lú miàn bāo

烤鹅，还有奶奶那
kǎo é hái yǒu nǎi nai nà

厚厚的大皮袄……
hòu hòu de dà pí ǎo

哦，小鹿，你快快跑呀，
ò xiǎo lù nǐ kuài kuài pǎo ya

求求你们，快快地跑！
qiú qiu nǐ men kuài kuài de pǎo

可千万别让，别让——
kě qiān wàn bié ràng bié ràng

她的火柴燃尽了……
tā de chái rán jìn le

小鸡住楼房
xiǎo jī zhù lóu fáng

小鸡，小鸡！
xiǎo jī　xiǎo jī

小鸡叫叽叽，
xiǎo jī jiào jī jī

搬进新楼里，
bān jìn xīn lóu lǐ

多呀多欢喜。
duō ya duō huān xǐ

开口就叫"咯咯咯"，
kāi kǒu jiù jiào　gē gē gē

从此不叫"叽叽叽"。
cóng cǐ bú jiào　jī jī jī

"来呀来取蛋，
lái ya lái qǔ dàn

快呀快来取。"
kuài ya kuài lái qǔ

113

小 猴

我把我最心爱的小猴,

送给各国的小朋友。

它们会蹦会跳,

还会在阳光下翻筋斗!

如果它们对你吱吱地叫,

那就是说:"很愿意和你们做朋友。"

如果它们把手举过额头,

那就是代表我向你们问候……

1979 年

课本里的作家

爱阅读
学生精读版
★★★★★

序号	作家	作品	年级
1	金 波	金波经典美文：第一辑 树与喜鹊	
2	金 波	金波经典美文：第二辑 阳光	
3	金 波	金波经典美文：第三辑 雨点儿	
4	金 波	金波经典美文：第四辑 一起长大的玩具	
5	夏辇生	雷宝宝敲天鼓	
6	夏辇生	妈妈，我爱您	
7	叶圣陶	小小的船	
8	张秋生	来自大自然的歌	
9	薛卫民	有鸟窝的树	一年级
10	樊发稼	说话	
11	圣 野	太阳公公，你早！	
12	程宏明	比尾巴	
13	柯 岩	春天的消息	
14	窦 植	香水姑娘	
15	胡木仁	会走的鸟窝	
16	胡木仁	小鸟的家	
17	胡木仁	绿色娃娃	
18	金 波	金波经典童话：沙滩上的童话	
19	高洪波	高洪波诗歌：彩色的梦	
20	冰 波	孤独的小螃蟹	
21	冰 波	企鹅寄冰·大象的耳朵	二年级
22	张秋生	妈妈睡了·称赞	
23	孙幼军	小柳树和小枣树	
24	吴 然	吴然精选集：五彩路	
25	叶圣陶	荷花·爬山虎的脚	
26	张秋生	铺满金色巴掌的水泥道	三年级
27	王一梅	书本里的蚂蚁	
28	张继楼	童年七彩水墨画	

序 号	作 家	作 品	年 级
29	张之路	影子	三年级
30	曹文轩	曹文轩经典小说：芦花鞋	四年级
31	高洪波	高洪波精选集：陀螺	
32	吴 然	吴然精选集：珍珠雨	
33	叶君健	海的女儿	
34	茅 盾	天窗	
35	梁晓声	慈母情深	五年级
36	陈慧瑛	美丽的足迹	
37	丰子恺	沙坪小屋的鹅	
38	郭沫若	向着乐园前进	
39	叶文玲	我的"长生果"	
40	金 波	金波诗歌：我们去看海	六年级
41	肖复兴	肖复兴精选集：阳光的两种用法	
42	臧克家	有的人——臧克家诗歌精粹	
43	梁 衡	遥远的美丽	
44	臧克家	说和做——臧克家散文精粹	七年级
45	郭沫若	煤中炉·太阳礼赞	
46	贺敬之	回延安	八年级
47	刘成章	刘成章散文集：安塞腰鼓	
48	叶圣陶	苏州园林	
49	茅 盾	白杨礼赞	
50	严文井	永久的生命	
51	吴伯箫	吴伯箫散文选：记一辆纺车	
52	梁 衡	母亲石	
53	汪曾祺	昆明的雨	
54	曹文轩	曹文轩经典小说：孤独之旅	九年级
55	艾 青	我爱这土地	
56	卞之琳	断章	
57	梁实秋	记梁任公先生的一次演讲	高中
58	艾 青	大堰河——我的保姆	
59	郭沫若	立在地球边上放号	